L'ARÉOPAGE

UNIVERSEL,

A INSTITUER PAR LES SOUVERAINS AMIS

DE L'HUMANITÉ.

HOMMAGE

AUX PUISSANCES DE LA CHRÉTIENTÉ;

Par l'auteur de l'Essai sur l'Esprit de l'Éducation
du genre humain.

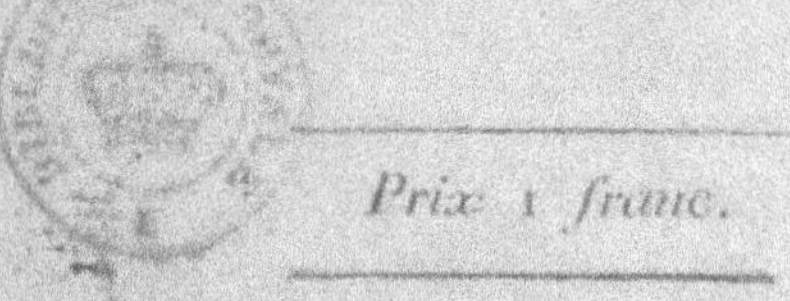

Prix 1 franc.

PARIS,

Chez l'Auteur, rue Saint-Hyacinthe, hôtel d'Anvers, n° 35.

1814.

L'ARÉOPAGE

UNIVERSEL,

A INSTITUER PAR LES SOUVERAINS AMIS DE L'HUMANITÉ.

———

Le genre humain civilisé touche à la fin d'une des plus grandes révolutions qu'il ait jamais éprouvé. L'histoire des nations ne nous offre aucune époque semblable à celle où toutes les puissances de l'Europe se sont réunies pour rendre la paix au monde. Jamais les souverains ne se sont alliés pour une cause si belle, si juste, si légitime, et qui ait eu des résultats si avantageux pour tous les peuples : jamais ils n'ont été animés d'un amour si ardent pour le bien général, et n'ont eu des vues aussi généreuses pour l'humanité.

On ne peut trop célébrer leurs noms ni les répéter trop souvent aux générations présentes et futures. Aucun monument ne peut éterniser leur mémoire d'une manière digne de leurs hauts faits. Il faut une institution universelle et perpétuelle pour en conserver le souvenir dans tous les pays du monde civilisé, et jusque dans les siècles les plus reculés, et dont le grand but sera de perfectionner et d'étendre sur toute la terre ce qu'ils ont commencé en Europe.

L'Europe présente le spectacle touchant d'une famille unie par une paix durable. Il s'agit de trouver les moyens de la conserver, non-seulement chez tous les peuples, mais de la porter par-tout où il y a des hommes en guerre. Ce que les souverains ont fait pour l'Europe, ils peuvent le faire pour le monde entier. Il est temps que le genre humain respire, qu'il se reconnaisse et se réunisse comme la famille d'un commun père.

Etablir les principes de la paix et de l'union dans toutes les contrées de la terre, réunir de plus en plus les peuples qui habitent les deux hémisphères, former et gouverner chaque nation comme une famille qui fait partie de la grande famille du genre humain, c'est là le but suprême que la sagesse et l'humanité proposent aux souverains des nations.

Pour établir la grande alliance de toutes les nations, les souverains pourraient convoquer une assemblée des hommes les plus sages, qui serait constituée en un Aréopage universel et perpétuel, pour traiter des grands intérêts du genre humain, considéré comme une seule et même famille.

L'Europe, placée au centre du globe, pourrait commencer par former cette assemblée universelle dans son sein. Toutes les nations connues, civilisées, ou encore dans un état près de la nature, seraient invitées d'y envoyer un certain nombre des plus éclairés, des plus justes et des plus sages d'entre leurs citoyens, comme députés.

On pourrait nommer cette auguste assemblée,

l'Aréopage universel ou le Grand-Conseil, ou enfin, l'Assemblée des sages.

On y traiterait de l'éducation de l'homme, de l'instruction du peuple, des mœurs, de la morale-pratique, de la législation, des lois divines, naturelles et humaines, des droits et des devoirs des hommes et des peuples, de la philosophie, de la politique, des différentes religions, des moyens de les réunir par un pacte théologique fondé sur le droit divin, d'une meilleure direction des arts et des sciences, des progrès de la civilisation, et de tout ce qui intéresse la conservation, la perfection et le bonheur réel de la grande famille des hommes ou de toute l'espèce humaine.

Pour bien traiter de ces grands objets et pour y répandre une lumière nouvelle qui éclairerait tous les peuples, on n'y enverrait que des hommes doués d'une ame grande, noble et pure, d'une intelligence supérieure, dont l'esprit serait éclairé de la lumière de la vérité, et dont le cœur serait rempli de l'amour le plus pur de l'humanité.

Ce serait de ces hommes vraiment dévoués au bien commun, de ces vrais humains, de ces véritables philantrophes qui se considèrent comme frères et amis de tous leurs semblables, et qui veulent sincèrement la perfection des hommes et le bonheur de tous les peuples de la terre.

On reconnaîtra facilement, dans chaque nation, les hommes qui seront dignes d'être appelés à l'assemblée des sages, dans ce petit nombre d'hommes de bien, de justes, qui, par leur humanité, leur justice , leur bienfaisance et leur amour pour le bien public, auront passé leur vie dans la pratique de toutes les vertus ; en sorte qu'ils soient reconnus par tous leurs concitoyens, pour être les hommes les plus vertueux de leur nation.

Nous ne devons pas douter, pour l'honneur de l'humanité, qu'il n'y en ait encore sur la terre de ces hommes rares ; il ne faut que les chercher et les bien choisir ; ils sont dans le nombre de ceux qui aiment sincèrement Dieu et les hommes.

Les hommes reconnus dignes d'entrer et de siéger dans l'Aréopage, se persuaderont d'abord que c'est moins une place d'honneur qu'un devoir sacré de travailler au plus grand bien des hommes et du plus grand nombre des hommes, et de remplir les vues de Dieu et les intentions de la nature sur l'espèce humaine.

Dans cette vue , les sages se prescriront eux-mêmes la règle de conduite qu'ils doivent et devront suivre aux yeux du genre humain : ils feront vœu de vivre avec simplicité et modération, afin de donner l'exemple de la vertu aux hommes et de s'attirer la vénération des peuples.

Leur genre de vie sera celui du vrai sage , celui de l'homme de bien, dans toute la simplicité de sa nature, comme par exemple, le genre de vie de Socrate, le plus sage des hommes. Il sera de l'honneur et de la dignité des sages, d'être inaccessibles à l'attrait des richesses et de la corruption et entièrement étrangers à toutes les vanités du monde.

Lorsque les sages des nations seront rassemblés en présence et sous les auspices de l'Etre-Suprême, le Père des hommes, ils feront les règlemens nécessaires pour la formation, la conservation et la durée perpétuelle de l'Aréopage universel : ils énonceront les sujets qui y seront traités et règleront les qualités requises pour l'élection, l'entrée et la réception des députés des nations, leurs fonctions, leurs travaux, leur but et leurs droits de suffrages.

Il n'y aura d'autre supériorité dans l'Aréopage que celle que donnent la raison, la vérité, la sagesse, la justice et la vertu : les premières vertus des sages seront l'humanité, la bienfaisance, la générosité, le désintéressement, la probité, l'équité, la simplicité, les mœurs pures et austères; et les plus considérés, seront nécessairement les plus justes, ceux dont l'amour pour la vérité portera à éclairer les hommes et les peuples sur leurs plus chers intérêts, renfermés dans la justice et l'humanité.

L'*Aréopage universel*, composé des plus sages d'entre les hommes, serait le *corps représentant le genre humain*, *l'interprète des lois de Dieu et de la nature*, le *conseil de l'humanité*, *l'oracle de la vérité*, *l'organe de la justice universelle*, *le soutien des droits des hommes et des peuples*, *l'appui des trônes et des gouvernemens*, le *pro-*

tecteur de tous les États et le *médiateur perpétuel de la paix entre toutes les nations.*

Le lieu où se tiendrait cet Aréopage universel,
serait le centre de l'Europe : ce lieu saint serait
consacré dans tous les siècles par la vénération de
tous les peuples, par le respect de tous les hommes
sages, et sur-tout par le respect de toutes les puissances de la terre.

Tous les souverains légitimes de l'Europe et du
monde entier, pour inspirer aux peuples un saint
respect pour leurs personnes sacrées, pour la majesté des rois et la dignité du genre humain, pourraient se déclarer, moyennant les qualités requises
et en signe de fraternité, membres de l'Aréopage
universel ou de l'Assemblée des sages.

Pour apposer le sceau de l'amitié et de l'union
entre tous les souverains et tous les peuples du
monde connu, l'Aréopage d'Europe établirait un
grand-conseil dans chaque partie du globe, en
Asie, en Afrique, en Amérique, et même dans la
Polynésie, et il communiquerait, à chacun de ces
conseils, ses principes universels.

Chaque nation établirait aussi dans son sein, un
conseil des vieillards : c'est dans ce conseil des vieillards que l'on choisirait les députés au grand-conseil
de la partie du globe dans laquelle se trouverait sa
nation ; et c'est dans le grand-conseil de chaque
partie du monde qu'on élirait les membres de l'A-
réopage universel ou les députés de l'Assemblée
des sages en Europe.

Les députés à l'assemblée des sages apporteraient en Europe l'état fidèle des lois, des mœurs, de l'éducation, de l'instruction, des lumières, des arts, des sciences, des connaissances et du degré de civilisation de la partie du globe qu'ils habitent; ainsi que l'état passé et actuel, la situation physique, morale, intellectuelle, scientifique, religieuse, sociale et politique des hommes de leur pays et de leur patrie respective, afin que l'on puisse juger de ce qui leur convient pour leur conservation, leur amélioration et leur bonheur.

L'assemblée des sages, après avoir bien examiné l'état passé et actuel, la situation réelle de chaque partie du globe en général, et de chaque pays en particulier, et par conséquent celle de chaque peuple et de tout le genre humain, commencerait ses glorieux et utiles travaux.

Le premier acte de l'assemblée des sages, serait d'engager les nations, par des sermens solennels, au nom de Dieu, de la nature et du genre humain, et en leur propre nom, à faire et à signer une paix universelle et perpétuelle, et préalablement de cent années, afin de pouvoir, pendant un siècle entier, travailler au perfectionnement de l'espèce humaine et jeter les bases ou les fondemens de son bonheur éternel.

Le second acte de l'assemblée des sages, serait l'établissement des institutions propres à former les hommes pour Dieu, pour l'humanité et pour leur patrie; mais essentiellement fondées sur le libre et entier développement de toutes les forces, de toutes les facultés physiques, morales et intellectuelles qui constituent l'homme dans sa perfection, et conformes en tout aux lois de la nature et de la raison, à la sainteté et à la dignité du genre humain. Cet acte comprendrait donc l'éducation et l'instruction des deux sexes, de tous les hommes.

Le troisième acte de l'assemblée des sages, serait le rétablissement des bonnes mœurs, le retour des mœurs pures et simples de nos pères, ce qui devra être l'effet des institutions sages : car ce ne sont point les lois qui forment les hommes aux mœurs, mais les institutions seules. Lycurgue et Solon et tous les anciens législateurs en ont donné des exemples; et tous les vrais sages sont convaincus par l'expérience que ce sont les mœurs qui font les destinées des peuples.

Le quatrième acte de l'assemblée des sages, serait le retour au milieu de la nature et des campagnes, pour engager les hommes à mieux cultiver la terre et les plantes, afin d'embellir encore le domaine qui leur a été donné par le Créateur, et d'en faire un nouvel Elysée, un nouveau paradis terrestre, un jardin de délices, où tous se proposeront de vivre dans l'innocence et la simplicité, par l'amour du travail et de la vertu, et sur-tout par la pratique constante du bien et l'observation exacte de la justice universelle.

Le cinquième acte de l'assemblée des sages, serait le rétablissement des jeux gymniques, sur les mo-

dèles des anciens jeux olympiques de la Grèce,
pour le développement des forces du corps des hommes de chaque pays , et pour le maintien de la force
et de l'énergie de chaque peuple , de toute nation
qui ne veut point dégénérer, et enfin , pour élever
les forces physiques de la nature humaine au plus
haut degré de perfection.

Le sixième acte de l'assemblée des sages , serait
l'extension de la puissance de l'homme sur la nature
par le moyen de l'art et de la science ; la renovation
et la simplification des arts et des sciences , leur direction vers le perfectionnement de l'homme , vers
le plus grand bien de l'humanité ; la propagation
des lumières naturelles et des connaissances utiles
par-tout où il y a des hommes.

Le septième acte de l'assemblée des sages , serait
la civilisation de tous les peuples , d'après ce principe : que l'homme ou le peuple civilisé n'est et ne
peut être que l'homme ou le peuple humanisé ; et
que , hors de ce principe , il n'y a point de véritable
civilisation. L'éducation , l'instruction , la législation , les lois , les institutions , les gouvernemens et
les constitutions , les arts et les sciences , les religions , tout doit porter le caractère sacré de l'humanité ; car, sans humanité , rien de tout cela n'existe,
ou tout cela est nul devant Dieu et pour le bonheur
des hommes.

Le huitième acte de l'assemblée des sages , serait
la réunion et l'accord de tous les principes , de toutes
les vérités , de toutes les maximes qui en émanent,

en posant pour base première que, de même qu'il n'y a qu'un Dieu, il n'y a non plus qu'une vérité, qu'une raison, qu'une sagesse, qu'une justice, qu'une vertu, qu'une morale, qu'une philosophie, et que l'unique but de l'application de leurs principes est toujours la conservation, la perfection et le bonheur du genre humain.

Le neuvième acte de l'assemblée des sages, serait la réunion de toutes les religions, l'harmonie des cultes, le rapprochement de toutes les doctrines, de toutes les sectes, de toutes les sociétés religieuses, héroïques, philosophiques et politiques, vers un seul et même principe, qui est Dieu, le père de la nature et du genre humain : à ce nom, à ce titre, tous les hommes et tous les peuples ne doivent plus former qu'une société de frères, et confondre leurs religions en un culte d'amour, en une adoration universelle de cœur et d'esprit envers leur commun père, en un mot, dans l'amour de Dieu et des hommes.

Le dixième acte de l'assemblée des sages, serait la déclaration universelle des lois de Dieu, de la nature et de l'humanité, et celle du droit divin, naturel et humain, ou des droits de tous les hommes, qui sont, comme nous l'avons dit dans l'*Essai sur l'esprit de l'éducation*, la subsistance, la conservation, l'éducation, la perfectibilité, l'instruction, la connaissance de la vérité, l'exercice de la raison, l'observation de la justice, la sûreté, la paix, la propriété de soi-même, la jouissance des fruits de son travail, de son talent et de son génie, et, par-dessus toute chose, l'humanité.

Le onzième acte de l'assemblée des sages, serait la législation particulière de chaque peuple, fondée sur les principes que nous venons d'exposer, et particulièrement sur celui-ci : que toute législation doit plutôt s'attacher à former des hommes qu'à faire des lois. La législation de chaque peuple doit principalement se fonder sur la nature du sol qu'il habite, sur ce qu'il a été, ce qu'il est et ce qu'il peut être, sur la nature de son caractère, de tout ce qui lui est propre. De même que chaque homme, pour se former, doit garder l'originalité primitive qu'il tient de la nature, chaque peuple doit respecter et conserver religieusement, et autant que sa propre liberté, cette originalité, ou cette nature originaire qui le distingue, qui forme son caractère national, son esprit public, et sans lesquels il perdrait sa qualité de peuple. Ainsi, les lois et les constitutions particulières ne seront données aux peuples, que conformément aux climats divers, au caractère, aux mœurs, aux différens usages et coutumes de chacun, que l'on peut épurer insensiblement, perfectionner avec le temps, mais non changer tout-à-coup ; car les usages, dit l'auteur du Contrat social, sont la morale du peuple. Cependant, l'assemblée des sages doit rejeter avec force et énergie tout ce qui révolte et déshonore l'humanité, tout ce qui rabaisse la dignité de l'homme, tout ce qui fait la honte et l'opprobre du genre humain, telles que les superstitions des peuples ignorans et les vanités puériles des peuples savans, et les sacrifices sanglans des peuples sauvages, et les guerres plus sanglantes encore des peuples civilisés, et tout ce qui fait la corruption et le malheur de tous. Un bon code de lois doit être pour chaque peuple un code d'humanité, de morale, d'éducation, de bonnes mœurs, de législation et de politique, et faire en quelque sorte l'instruction du peuple.

Le douzième et dernier des principaux actes de l'assemblée des sages, serait la législation universelle, ou la rédaction d'un code qui aurait pour titre :

LA LOI DE DIEU ET DE LA NATURE,

ou

LE CODE DU GENRE HUMAIN.

Les premières et principales lois de ce *code universel*, émanées de l'Etre-Suprême, puisées dans la nature, et fondées sur la raison souveraine, sur la vérité et la justice, seraient les suivantes :

Que le genre humain, ne formant qu'une seule et même famille, dont Dieu seul est le commun père, tous les hommes sont frères, enfans de Dieu et de la nature ;

Que l'humanité entière, ou la grande famille des hommes, est sacrée et sainte ; que son existence ou celle de tous les hommes ensemble est inviolable ;

Que les hommes de toute nation, de toute reli-

gion, de toute condition, de toute couleur, sont libres, et seulement soumis à la loi de Dieu et de la
nature, aux devoirs de l'humanité;

Que Dieu défend à tout homme, à tout peuple,
d'acheter et de vendre ni homme, ni femme, ni en-
fant, et de faire aucun esclave dans quelque pays
que ce soit; que l'homme ne peut jamais appartenir
à l'homme son égal, son frère, son semblable (1);

Qu'il est défendu aux sultans de l'Asie et de l'A-
frique, de priver l'homme du principe de la géné-
ration, et de le rendre gardien de la femme, comme
il est ordonné à toutes les puissances de la terre, de
respecter la vie des hommes;

Que l'homme et la femme, créés l'un pour l'autre,
avec les mêmes organes, les mêmes facultés et les
mêmes besoins, ont les mêmes droits à exercer et les
mêmes devoirs à remplir l'un envers l'autre;

Que tous les hommes et toutes les femmes doivent
jouir de leurs droits naturels; qu'ils sont faits pour
s'aimer, pour s'unir, et pour donner des enfans au
monde;

Qu'un père et une mère sont libres de donner à
leurs enfans l'éducation qu'ils jugent être la plus na-
turelle et la meilleure; qu'ils sont institués par Dieu
et la nature pour les élever et les former à la vertu;

Que le pouvoir d'un père et d'une mère, sur leurs

---

(1) C'est ce qui sera fait par l'abolition de la traite des
nègres, hommage que les puissances de la chrétienté ont
promis de rendre au genre humain.

enfans ou sur leur famille, est égal à celui de Dieu et de la nature sur les hommes ou sur le genre humain;

Que les enfans et les jeunes gens de toute nation doivent honorer leurs père et mère, comme les images vivantes de la divinité sur la terre; qu'ils doivent honorer tous les vieillards, tous les pères et toutes les mères, autant que leurs propres parens;

Que les enfans et les jeunes gens de toutes les nations doivent être élevés, instruits et formés pour Dieu, pour l'humanité, et pour leur patrie;

Que, dans tout pays, l'éducation, qui a pour objet de former l'homme à la vertu, doit lui donner la connaissance du bien et du mal, du vrai et du faux, du juste et de l'injuste;

Que l'homme doit toujours être homme, conserver, dans tous les temps et tous les lieux, la dignité humaine, dignité sans laquelle il perdrait son titre d'homme;

Que les hommes sont nés pour la société, et qu'en se réunissant en société, tous doivent remplir leurs devoirs d'hommes, d'époux, de père, de fils, d'amis et de citoyens;

Que les membres de toute société humaine, étant tous des hommes, tous doivent porter le titre de citoyens, le seul qui soit digne de l'homme, le seul qui établisse la dignité du peuple;

Que le peuple est l'universalité des citoyens; qu'il forme la patrie, puisqu'il la nourrit, la conserve et la perpétue, en lui donnant sans cesse de nouveaux enfans;

Que les hommes, les citoyens et les peuples de chaque pays, forment les nations, et que l'ensemble des nations forme la grande famille du genre humain;

Que les nations étant composées d'hommes, elles sont des personnes morales, qui ont la même morale à pratiquer que les individus, les mêmes droits à exercer, les mêmes devoirs à remplir envers l'humanité;

Que la majesté des peuples est émanée de la majesté du genre humain, et fondée sur la dignité de l'homme : que la majesté des rois est émanée de la majesté des peuples, et fondée sur la souveraineté des nations;

Que la souveraineté du peuple est le droit de législation, fondé sur l'exercice de la raison, de la justice, de la sagesse et de l'humanité; et que, hors de ces vertus, il n'y a point de souveraineté pour le peuple;

Que le souverain est celui qui, élu par l'amour de son peuple, gouverne selon les lois et les constitutions, et sur-tout selon la loi de la justice; celui qui règne comme Dieu, par l'amour et la vérité, sur des intelligences libres;

Que les souverains qui règnent ainsi, et qui, semblables à la souveraine intelligence, ne commandent qu'à des hommes et à des citoyens libres, qu'à des peuples indépendans et dignes de l'être, seront honorés comme les images de Dieu sur la terre ;

Qu'enfin le genre humain, tel qu'il est maintenant, et tel qu'il peut être un jour, ne pourra se gouverner avec sagesse, et comme une seule et même famille, que par l'application de la loi de Dieu et de la nature.

Le livre de la loi de Dieu et de la nature, ou le Code du genre humain, sera le livre de tous les hommes et de tous les peuples.

Un abrégé de ce livre, qui renfermera l'essence de toute la sagesse divine et humaine, et l'éternelle vérité, sera le Code de l'homme.

Nous ne donnons ici qu'une idée générale des lois fondamentales que l'assemblée des sages proposerait et promulguerait par toute la terre, comme lois morales, d'après la volonté du genre humain et de toutes les nations.

Pour bien rédiger ce grand Code, et le rendre aussi complet et aussi parfait qu'il est possible, l'Aréopage universel consulterait sans cesse l'esprit des premiers législateurs du genre humain, les principes des philosophes de l'antiquité et les maximes des sages de toutes les nations, et sur-tout les préceptes de ceux qui ont pratiqué ces principes et ces maximes.

Car l'essentiel des lois générales et particulières que renfermerait le Code du genre humain, serait de les rendre toutes pratiques pour tous les hommes comme pour tous les peuples, en leur donnant un caractère de force, de simplicité, d'unité, de clarté, de précision et d'universalité qui en assurerait l'observation par toute la terre.

Pour apposer le sceau sacré de l'humanité sur ce divin Code, et pour s'assurer qu'il ne sera point violé par une force arbitraire et injuste, l'Aréopage universel fera cette loi terrible contre tous les conquérans qui ont ravagé et ceux qui se proposeraient à l'avenir de ravager la terre :

Que la mémoire de tous les conquérans qui ont affligé leur patrie et le genre humain, est vouée à l'oubli, et que leurs noms doivent être effacés de l'histoire de toutes les nations;

Que tout conquérant à venir, de quelque pays, de quelque partie du globe qu'il soit, est déclaré le plus grand ennemi de Dieu et des hommes, voué à l'horreur du genre humain, à la haine des mortels et des immortels, à la malédiction du ciel et de toute la terre;

Que les ambitieux de toute nation qui oseront suivre et servir de plein gré et par une volonté déterminée un conquérant injuste déjà hors du territoire de sa patrie, seront également voués à l'exécration universelle. Cette loi obtiendra le suffrage de toute nation et de toute religion.

L'assemblée des sages fera également une étude continuelle de l'Homme-Dieu-Législateur, des principes de l'évangile et de sa loi divine, pour en faire l'application au Code religieux du genre humain, qui sera la sanction de la législation universelle.

O vous, législateurs du genre humain! sages des temps anciens, héros de l'humanité, philosophes, philantropes, hommes de bien de tous les siècles, grands hommes de toutes les nations, représentans de la Divinité sur la terre; vous tous, qui avez élevés vos concitoyens jusqu'au plus haut degré des forces et des perfections de la nature humaine, par vos actions généreuses, vos vertus simples, vos talens sublimes, vos maximes et vos lumières! revenez siéger au milieu de l'assemblée des sages modernes, pour être leurs modèles! Descendez des cieux pour les éclairer d'une lumière divine, pour leur inspirer votre amour ardent de l'humanité, pour leur donner la force et le courage d'enseigner la vérité aux hommes, pour les aider à régénérer l'espèce humaine, à la rendre meilleure, plus parfaite et plus heureuse!

O hommes! puissiez-vous sentir la dignité de la nature humaine! puissiez-vous savoir ce qu'elle a été, ce qu'elle est véritablement, et ce qu'elle peut être par une plus haute idée de l'homme, par un plus parfait développement de ses forces naturelles! puissiez-vous vous élever par la force du corps et de l'ame, au rang des héros et des sages de l'antiquité! Ce sont là vos divins modèles : ils sont et seront toujours vos maitres dans tous les genres de sagesse : suivez-les, élevez-vous au-dessus d'eux si vous le pouvez, et vous avancerez vers la perfection.

Il n'y a qu'un seul moyen de régénérer le monde

et de perfectionner l'espèce humaine : c'est l'établissement de l'Aréopage ; c'est par l'assemblée des sages que les hommes et les peuples se régénéreront : c'est par la réunion de tous les bons principes, de toutes les vérités morales, que le genre humain se réunira de lui - même en une seule et même famille.

Et ces principes, et ces vérités que nous venons d'exposer, seront bientôt gravés en caractères éternels et ineffaçables dans les cœurs et les esprits de tous les hommes : ils en feront l'application dans leur société, ils les transmettront à la postérité, qui, contemplatrice de ce que les nations auront exécuté de plus beau sous les cieux, jouira avec reconnaissance de cette félicité suprême dont nous aurons jeté les fondemens et goûté les premiers délices.

C'est à l'Europe entière, c'est aux nations éclairées de cette belle partie du monde, c'est à leurs souverains magnanimes, remplis de vues grandes et généreuses, qu'il appartient de former l'assemblée des sages, dont ils seront les premiers membres, de renouveler l'antique et sublime Aréopage, qui fut le premier conseil de l'Europe, en même temps que son conservateur.

C'est l'ancien Aréopage d'Athènes, c'est le sénat de Lacédémone, c'est le conseil des Amphictyons qui ont conservé la Grèce, et la Grèce a conservé l'Europe.

C'est le nouvel Aréopage qui doit la régénérer

pour la conserver encore des milliers de siècles :
avec cette institution universelle, l'Europe peut
civiliser et gouverner le monde par ses seules lumières; sans cette institution, elle ne peut exister
un siècle sans avoir encore de longues guerres à
soutenir.

Il ne faut qu'un seul homme pour mouvoir l'A-
sie, et l'Asie mue par la même ambition qui vient
d'opérer une si grande révolution en Europe, l'Asie
qui a cinq cents millions d'hommes, dont la moitié
sont encore dans l'état de nature, pourrait anéan-
tir l'Europe, qui n'a que cent cinquante millions
d'hommes civilisés, qui s'affaibliront toujours de
plus en plus sans une éducation mâle et vigou-
reuse.

Nations européennes! souverains des peuples de
notre belle Europe! hâtez-vous de la rendre la souveraine du monde, si vous ne voulez point la lais-
ser dégénérer et devenir esclave. Hâtez-vous de
former l'assemblée des sages. Hâtez-vous enfin de
former des hommes forts et courageux; et, dans les
jours de la paix, donnez la plus grande activité à
leur courage. Encore une fois, formez des hommes
forts si vous voulez gouverner des hommes libres.

O si toutes les nations voulaient d'un commun
accord se régénérer, établir cette institution formi-
dable, cet auguste Aréopage, qui serait le formateur
des hommes, l'éducateur des peuples, le législateur
d'un nouveau genre humain, à quel degré de force,
de perfection l'espèce humaine ne parviendrait-elle

pas! Quels hommes se formeraient dans son sein!
que de héros, que de grands hommes on verrait
sortir de l'Europe! quel exemple de sagesse ce siècle
donnerait aux siècles à venir! quels fruits nos der-
niers neveux, tous nos descendans, recueilleraient
des travaux de leurs vertueux pères! que de vertus
ne verrait-on pas renaître en Europe et dans le
monde entier par l'influence directe de l'Assemblée
des sages, d'un Aréopage universel, qui porterait
la connaissance de la loi de Dieu et de la nature
jusque chez les peuples qui habitent les extrémités
des deux hémisphères, et dont la sagesse gouver-
nerait le monde moral et social, comme la sagesse
suprême gouverne l'univers intelligent!

Alors ce serait le règne de Dieu, de la nature et
de la raison; le règne de la vérité, de la justice et
de la vertu; le règne de l'amour, de l'amitié et de
la fraternité de tous les hommes et de tous les
peuples du globe que nous habitons.

J. A.

FIN.

De l'Imprimerie de J. G. Dentu.